NOTICE

SUR

LES ILES TREMITI

CONNUES DANS L'ANCIENNE GRÈCE

SOUS LE NOM DE

DIOMÉDÉOE,

Et appelées par les Romains

TRIMERUM;

Avec une Carte de ces Iles et la Vue de la Forteresse et de l'Ile San-Nicola,

PRISE DE L'ILE SAN-DOMINO,

ET UNE CARTE D'UNE PARTIE DU ROYAUME DE NAPLES,

Par le Baron DE MARGUERITTES, de Nîmes,

Chevalier des ordres royaux et militaires de Saint-Louis et de la Légion-d'Honneur, et de plusieurs ordres étrangers, etc. : membre titulaire de l'Institut d'Afrique, auteur des Tablettes Historiques de Napoléon, Album populaire, etc.

La prudence est la mère de la sûreté.

(SAGESSE DES NATIONS.)

Paris.

BRETEAU, Libraire, Galerie de l'Opéra, 16 ;
MARTINON, rue du Coq-St-Honoré, 11 ;
FOURNIER, Libraire, rue Neuve-des-Petits-Champs, 50.

1844.

NOTICE

SUR

LES ILES TREMITI.

IMPRIMERIE DE Mme DE LACOMBE,
Rue d'Enghien, 12.

NOTICE

SUR

LES ILES TREMITI

CONNUES DANS L'ANCIENNE GRÈCE

SOUS LE NOM DE

DIOMÉDÉOE,

Et appelées par les Romains

TRIMERUM;

Avec une Carte de ces Iles et la Vue de la Forteresse et de l'Ile San-Nicola,

PRISE DE L'ILE SAN-DOMINO,

ET UNE CARTE D'UNE PARTIE DU ROYAUME DE NAPLES,

Par le Baron DE MARGUERITTES, de Nîmes,

Chevalier des ordres royaux et militaires de Saint-Louis et de la Légion-d'Honneur, et de plusieurs ordres étrangers, etc. : membre titulaire de l'Institut d'Afrique, auteur des Tablettes Historiques de Napoléon, Album populaire, etc.

La prudence est la mère de la sûreté.

(SAGESSE DES NATIONS.)

Paris.

BRETEAU, Libraire, Galerie de l'Opéra, 16 ;
MARTINON, rue du Coq-St-Honoré, 11 ;
FOURNIER, Libraire, rue Neuve-des-Petits-Champs, 50.

—

1844.

Le groupe d'iles dont nous allons parler est très peu visité par les voyageurs; son accès est difficile; il faut, pour y entrer, obtenir une permission spéciale, parce que *Tremiti* est une place de guerre et un lieu de déportation.

Mais qu'irait-on chercher dans ce coin de terre ? Des monumens antiques, il n'en existe plus. Y faire des fouilles ? Une autorisation est nécessaire; d'ailleurs tout le sol a déjà été bouleversé pour y trouver des tombeaux et quelques antiquités de peu de valeur. Le voyageur, qui aborderait à Tremiti, n'y rencontrerait que la misère, le désespoir; il n'y trouverait pas de moyens de subsistance; à peine s'il pourrait s'y procurer un lit; il verrait une peuplade malheureuse, dont toute l'industrie consiste dans la pêche, et souvent réduite à vivre avec des racines et des herbes qu'elle arrache dans tous les coins de ces iles, lorsque la communication est interrompue avec le continent, par les mauvais temps qui règnent souvent dans ces parages.

Comme forteresse, San-Nicola tombe en ruines; sa garnison est réduite à rien.

Celui qui commandait dans ces iles, en 1843, est un ancien soldat, instruit, brave, humain, ferme et juste; il a parfaitement fait la guerre lors de l'occupation française. Cet officier distingué, ayant le grade de capitaine, se borne entièrement aux devoirs de sa place, il était alors la seule autorité du pays; il ne s'occupe nullement de ce qui se passe en dehors de ses limites. C'est par nous qu'il a appris *la mort du duc d'Orléans, la dernière révolution de la Grèce, l'arrivée du duc d'Aumale à Naples, le projet de colonisation,* etc.

Comme iles pénitentiaires, l'opération projetée a été mal conçue, et fait présager de nouveaux malheurs.

Les *anciens Grecs* avaient élevé des monumens dans ces iles : les *Romains* en avaient fait un lieu d'exil ; les *Vénitiens* qui les occupèrent, en même temps que plusieurs ports du royaume de Naples sur l'Adriatique, y construisirent la seule église qu'on y trouve. Les moines cultivèrent Tremiti et en tiraient tout le produit possible. Chassés par le roi des Deux-Siciles, de concert avec le pape, ce petit coin de terre cessa d'être cultivé et tomba dans la détresse. Les *Français*, pendant l'occupation de Naples, augmentèrent les fortifications de San-Nicola et donnèrent un peu d'aisance aux habitans de ces iles. Depuis 1815, la citadelle, le camp retranché, les maisons restèrent sans réparations et tombèrent en ruines.

Maintenant on veut coloniser Tremiti avec des condamnés à mort, des repris de justice et des ouvriers libres ; quel amalgame ! Les terres cultivables ne s'élèvent pas à plus de *onze milles* d'Italie, et dans ce nombre, il n'y en a que *trois milles et demi* bons à cultiver en céréales ou en prairies artificielles. Par conséquent le produit sera peu important et ne couvrira pas la grande dépense qu'on projette de faire.

Déjà ces iles ont été les tombeaux des malheureux exilés qu'on y avait entassés.

La nouvelle colonie, qui sera plus nombreuse, aura-t-elle un sort plus prospère ?

Le gouvernement se jette dans des frais énormes, qui vont compromettre une place de guerre, un point militaire de première classe, et peut-être l'exposer à devenir un jour un *repaire de pirates*, ou un lieu de recrutement pour les insurgés du *royaume de Naples* et *du domaine de Saint-Pierre.*

La tranquillité future de l'Italie est intéressée à ce que ce *bagne de cultivateurs* soit sûrement gardé et ne puisse pas troubler la paix publique.

Nous voyons la fièvre insurrectionnelle s'allumer en même temps dans le *centre*, dans le *midi*, et la fermentation gagner le *nord* de *l'Italie*. Cette position est grave.

L'Autriche ne s'y trompe pas, elle se met en mesure; la fuite des deux fils de l'amiral *Bandiera* a excité sa surveillance.

Les nouvelles récentes, reçues par l'*Allemagne* et *Marseille*, annoncent que le fils du général *Nugent*, gouverneur de *Trieste*, vient d'être arrêté; que le feld-maréchal *Mazzuchelli*, gouverneur de *Mantoue*, a été mis en retraite et remplacé par un général *allemand* du même grade, M. le baron de *Hebert*; que les garnisons impériales de *Ferrare* et de *Comachio*, sont considérablement augmentées; que l'*Autriche* a offert *d'intervenir* pour étouffer les troubles des états de *l'Église* et du royaume des *Deux-Siciles*, qui sont loin d'être apaisés, et qui s'étendent même dans la *Capitanate*; que des *arrestations* et des *jugemens politiques* se multiplient en *Sicile*, à *Naples*, à *Rome*, et dans la *Lombardie*; qu'une grande agitation règne dans toute l'Italie, etc., etc.

L'arrivée *à Paris*, pour la deuxième fois, du *comte de Syracuse*, frère du roi de Naples, aurait-elle rapport à la situation de ce pays si mal gouverné?

Quand on connaît bien le caractère des peuples de l'Italie, on reste convaincu que son patriotisme consiste à regretter le passé pour se débarrasser du présent.

Les changemens dans les sociétés humaines sont

inévitables ; le glaive et l'injustice ne peuvent régner toujours.

Les efforts des gouvernemens pour arrêter les révolutions deviennent impuissans; la précipitation des *hommes du mouvement* ne tend qu'à les compromettre, à l'aggravation des malheurs des masses, et non à accélérer un *changement total* qui doit avoir lieu par la force irrésistible du temps et par l'ascendant positif de l'éducation politique.

Un gouvernement faible conduit rapidement du mécontentement à la révolte ; trop de sévérité, ainsi que des exécutions politiques, produit le même effet.

Qu'une guerre s'allume, qu'un changement de dynastie s'opère dans l'un des grands états de l'Europe, que l'Italie, comprenant sa position, marche alors sous la même *bannière*, elle deviendra forcément une nation indépendante et constitutionnelle.

Nous avons fait deux voyages dans les îles Tremiti en 1842 et 1843; nous y avons vu jeter les fondemens défectueux de la colonie agricole, et nous avons cru devoir signaler au gouvernement les fautes qui s'y commettent.

Les hommes du pays, capables de bien juger et qui sont en position de prononcer, à qui nous avons communiqué nos observations, nous ont engagé à les publier dans l'intérêt du royaume. Nous cédons à leurs conseils et nous serons heureux de trouver notre récompense dans l'adoption de mesures de précaution et d'humanité qui puissent préserver cette pauvre peuplade de catastrophes à venir. Les malheurs qui ont pesé sur cette petite contrée dans un laps de temps de soixante-cinq ans (de 1755 à 1820), doivent indiquer la marche à suivre, et nous avons cru devoir donner l'éveil par des avis entièrement désintéressés.

Mai 1844.

————o◦◦⟨⟩◦◦o————

Iles Tremiti.
anciennement Diomedées & tremerum.

1. Forteresse.
2. Point de vue a été prise la vue de l'Isle S. Nicola et du fort

GOLFE DE VENISE
ABBRUZZE CITER
C.té DE MOLISE
CAPITANATA
I. Tremiti
la Caprara
S. Nicola
S.te I Pianosa
Ortona
Lanciano
Torino
Paglieta
Il Vasto
Termoli
Fortore
Isola rota
Lesina
Lago Varano
S. Nicandro
Monte Gargano
Serra Capriola
Biferno
Trigno
Atsena
Altiera
Agnone
Molise
S. Severo
Foggia
Manfredonia

NOTICE

SUR

LES ILES TREMITI.

⸻ ◂●ᗇ●ᗇ▸ ⸻

1. Les îles *Tremiti*, ancienne dépendance de la *Dau·nie*, et maintenant de la province de *Pouille* (*Capitanate*), sont situées par 42° 7ᵐ de latitude nord et 13° 10ᵐ de longitude, dans le golfe de Venise, à vingt milles du mont *Gargana*, royaume de Naples, dans la mer Adriatique, et à quinze et dix-huit milles de la côte. Ces îles forment un groupe qui paraît n'avoir composé très anciennement qu'une même terre, et peut-être même avoir fait partie du continent et du mont *Gargana* dont il était alors une prolongation qui en aurait été détachée par un bouleversement de la nature. Ce déchirement semble, au premier aspect, devoir être attribué à l'action si puissante de la mer, et aussi à de fréquens tremblemens de terre, devenus plus rares de nos jours et beaucoup moins violens. Les deux derniers ont eu lieu dans les premiers jours du mois de septembre 1843 et n'ont pas occasionné d'accidens. (Voir les cartes numéros I et II.)

Les Grecs connaissaient ces îles sous le nom de *Dio-médéœ;* depuis la prise de *Troie*, en Asie, il avait remplacé le nom qu'elles portaient plus anciennement et qui est inconnu. Cette dénomination grecque prenait sa

2

source dans la fable héroïque des compagnons d'U-
lysse. roi d'Itaque, dans le voyage maritime de Diomède, lorsqu'il partit d'Etolie (l'Achaïe), sa mort, son
tombeau élevé à Tremiti, la métamorphose des compagnons d'Ulysse en oiseaux, qui voltigeaient toujours
autour du sépulcre de ce guerrier en poussant des cris
plaintifs, cris qu'ils prétendaient (les Grecs) ressembler
à la voix humaine. Pline, en citant cette espèce d'oiseaux de mer qu'on trouve dans les parages de Tremiti,
les appelle *oiseaux de Diomède; Linnée* les classe dans le
genre des *Procellaria*; nous leur donnerons le nom de
Goëlands, parce que ce sont des oiseaux de cette espèce,
ayant les mêmes habitudes, forme, plumage, grosseur
et poussant les mêmes cris. Encore aujourd'hui, les
habitans de Tremiti leur ont conservé le nom que la
fable leur avait attribué.

Les Romains imposèrent à ces îles le nom de *Trimerum*, soit qu'ils voulussent faire oublier la fable des oiseaux de Diomède, soit que cette dénomination leur
parût plus appropriée à la conformation de cette petite
contrée, aux déchiremens dont elle offrait les traces,
aux tremblemens de terre qui l'avaient bouleversée et
à la destination qu'ils lui avaient donnée, car c'était un
lieu d'exil.

On trouve dans les annales de *Tacite* (livre IV, chapitre XXXI), ce qui suit : «A cette époque, mourut *Julia*,
» petite-fille d'Auguste. qu'il exila comme étant con-
» vaincue d'adultère, et envoya dans l'île de Trimerum
» (Tremiti), non loin des rivages d'Apulie (la Pouille),
» où elle supporta son exil pendant vingt ans, soute-
» nue par les secours d'Auguste. »

L'empereur Charlemagne, roi d'Italie, y exila aussi
l'un de ses secrétaires; la cause en est restée inconnue.

Le nom de *Tremiti*, que ces îles portent maintenant,
dérive par corruption sans doute de celui de *Trimerum*,

peut-être aussi de *Tremore* (tremblement . crainte , peur).

2. — Nous ne parlerons pas dans cette notice de l'état physique et géologique du sol de ces îles, puisqu'il est identiquement le même que celui des côtes de la Pouille, et principalement du mont Gargana, dont il existe des descriptions complètes. Nous n'entrerons pas non plus dans des détails sur son histoire ancienne, parce qu'elle n'offrirait rien d'important à connaître, répétons seulement que les anciens les ont fréquentées et y ont formé quelques petits établissemens. On trouvait à Tremiti des ruines antiques, des médailles grecques, romaines et du bas-empire, des ornemens d'or et des vases étrusques. Les Vénitiens ont possédé long-temps *Tremiti* et y ont bâti la petite église qui existe encore à San-Nicola ; devenues dépendance du royaume de Naples, ces îles perdirent le peu d'avantages dont elles jouissaient sous les moines qui les ont possédées pendant plusieurs siècles. La culture cessa entièrement lorsqu'ils cessèrent d'en être les maîtres.

Des bénédictins s'établirent à *Tremiti* en 1050, et choisirent pour leur résidence l'île de San-Nicola, où ils bâtirent un couvent. En 1236, le pape Grégoire IX les fit remplacer par des moines *cirtenciensis*. Vers l'an 1400, elle fut prise par des corsaires Dalmates, puis elle resta déserte. Enfin le cardinal Sixte, devenu pape sous le nom de Grégoire XII, la fit habiter par des chanoines réguliers de Saint-Jean de Latran. Ceux-ci, instruits par l'expérience, voulurent ne pas s'exposer aux dangers courus par leurs prédécesseurs, et surtout éviter d'être entièrement dépouillés et ruinés ainsi qu'eux ; ils relevèrent et augmentèrent avec soin les fortifications de San-Nicola, qui portèrent le nom de *Sancta Maria*. En effet, l'armée turque, en 1565, tenta inutilement de s'en emparer. Enfin, cette île ayant été remplie de soldats pour sa défense, ces religieux troublés dans leurs devoirs pieux, l'abandonnèrent et se retirèrent sur des propriétés qu'ils possédaient sur le continent de l'Italie.

Des moines, sous l'invocation de saint François, vinrent les remplacer ; leur prieur avait rang d'évêque et jouissait du privilége de dire la messe l'épée au côté et portant des éperons. Ces religieux, au nombre de trente, firent bien entretenir les murailles et les fortifications de l'île qu'avait fait augmenter le roi Charles II ; ils y tenaient, à leur solde, une garnison de soixante soldats et de dix canonniers, ainsi qu'un nombreux domestique et beaucoup d'ouvriers. Ce personnel était nécessaire pour repousser les attaques des Turcs, et surtout des pirates. Deux barques, ayant douze rameurs chacune, leur servaient à communiquer avec le continent ; ils avaient dans la Pouille des terres considérables.

Ces moines avaient mis en rapport les trois îles cultivables dont nous allons parler bientôt. Ils en tiraient un bon revenu en huile excellente, en vin et en sel. De leur temps, l'île *Pianosa*, plus éloignée du groupe dont nous parlons, était aussi en plein rapport.

3. — Le registre des naissances et des morts, tenu par le prieur lui-même, qui, en 1755, se nommait *Emmanuel Camerato*, nous a fait connaître une révolte de la garnison de *Tremiti* et ses suites ; nous allons le laisser parler et traduire seulement ce qu'il raconte.

« Le 29 mars 1755, don François *Cabilliau*, âgé de soixante-huit ans, Flamand de nation, né en la ville d'Avignon, capitaine à la suite dans le régiment d'Anvers, en garnison à Pescara, détaché de ce corps pour commander le fort de Tremiti, a été tué à coups de baïonnettes par les soldats du détachement qui était ici sous ses ordres ; quoiqu'il leur eût demandé plusieurs fois de le laisser confesser avant de le tuer, ces révoltés le lui refusèrent et achevèrent de le massacrer, puis ils volèrent tout ce qu'il avait, ainsi qu'aux autres personnes qui demeuraient ic. (à Tremiti). Lesdits soldats se jetèrent le troisième jour, après ce meurtre, dans une barque et s'enfuirent avec tout ce qu'ils avaient dérobé. Le capitaine dénommé ci-dessus, fut enterré par ceux qui l'avaient tué.

» Avec ce capitaine furent aussi tués, volés et enterrés de la même manière : Jacques-Antoine *Trigolti*, Piémontais, caporal du régiment royal italien, cinquième bataillon, compagnie spéciale.

» Giacome *Ciccarelli*, né à Mareno, soldat au même régiment.

» Et Viacenzo *Rossi*, aversano, soldat du régiment des Abbruzes. »

Le prieur n'ajoute rien à ce qui précède, mais on doit croire que les trois soldats qui partagèrent le sort du commandant *Cabilliau*, avaient voulu défendre leur chef contre les révoltés. La cause de ces assassinats est inconnue, aucun écrivain n'a parlé de cet évènement.

En 1783 ou 1784, la garnison de l'île s'insurgea contre les moines, le prétexte de cette insurrection était la solde ; le gouvernement de Naples interviht et profita de cette circonstance pour, de concert avec notre saint père le pape, prendre possession des îles Tremiti et en renvoyer les moines.

4. — Avant de continuer cette histoire, nous croyons devoir parler de la statistique de cette petite contrée. Elle se compose de quatre îles (voir la carte numéro I), et même de cinq si on y ajoutait *Pianosa*, île comprise dans ce commandement, mais entièrement inculte.

1° De San-Nicola, *S. Nicolo* ou Sancta Maria ; cette île est presque coupée au quart de sa longueur par une langue de terre qui la joint au fort ; elle se prolonge du midi au nord ; sa forme ressemble à un aviron ayant une espèce d'anse à l'extrémité opposée à la pelle. C'est la seule île qui était habitée en septembre 1843, époque de la colonisation dont nous ferons mention plus tard ; sa circonférence est de trois milles environ; sa population, en y comprenant sa faible garnison de dix-sept soldats, les condamnés, les exilés, ainsi que les employés civils, s'élevait alors à cent cinquante personnes, dont un grand nombre d'enfans. C'est à San-Nicola que se trouvent le port situé à l'extrémité méridionale, il peut recevoir des bâtimens de guerre, un camp retranché fait par les Français pendant le règne de *Joachim Murat*, et la citadelle qui occupe l'ancien couvent des moines que nous avons déjà dit s'appeler *Sancta Maria*.

2° S. Domino ou *S. Doimo,* qui est la plus grande des quatre îles, située au levant, est d'une forme arrondie ou plutôt ovale ; elle a quatre milles et demi à cinq milles de tour, et une plaine d'environ deux milles sur le plateau du milieu ; elle est propre à la culture. On y trouve des oliviers devenus sauvages, des chênes, des lantisques, des pins dont on tire de la résine, et beaucoup d'arbustes, entre autres nombre de *romarins ;* autrefois, du temps des moines, il existait des vignes produisant du bon vin, elles étaient plantées dans la partie du midi où se trouve un vallon qui descend jusqu'à la mer. Aujourd'hui, on ne voit pas vestige de vignes. Il y avait aussi une *saline* dont le produit était assez considérable.

3° *Crataccio*, rocher inculte, à côté duquel il y en a un autre beaucoup plus petit, nommé la *Vecchia*. Sa forme est très irrégulière. En le voyant, on ne peut douter qu'il n'ait fait partie jadis de S. Domino, dont il a été arraché violemment par l'action de la mer, peut-être par un tremblement de terre.

4° *Caprara*, dont la grandeur est de trois milles et la figure celle d'un trapèze ; on y voit de nombreux oliviers entièrement dégénérés faute de culture et de soins, et de nombreux câpriers qui ont donné leur nom à l'île (1). Il y a quelques chèvres sauvages.

Nous ne parlerons pas de *Pianosa*, parce que cette île n'est pas destinée à être cultivée, quant à présent, vu l'éloignement du groupe dont il s'agit.

Ainsi, on remarquera que la superficie de ces îles alors abandonnées et susceptibles de bons produits, s'élève à onze milles environ, dont trois milles et demi sont propres à la culture, soit en terres labourables, soit en prairies artificielles : le reste peut être planté, sauf les parties qui sont entièrement en rochers. On peut donc évaluer à sept ou huit milles les terres bonnes à cultiver et à produire ; l'air y est sain, l'eau des citernes excellente. Les côtes de ces îles sont très poissonneuses et abondantes en coquillages ; on trouve dans ce port et entre les îles, la *Madre Perle*, espèce d'huître nacrée et très grande, qui reste attachée au fond de la mer par la pointe de sa coquille.

5. — La situation de ces îles, placées au milieu de la mer Adriatique, sur la côte du royaume des Deux-Siciles, en face de la province de Pouille, peu éloignées du mont Gargana, dont elles ont beaucoup des mêmes produits, et sur le flanc de la Dalmatie, les rend un point militaire très important en temps de guerre. L'al-

---

(1) On trouve dans les nᵒˢ XI et XII du journal de la Société économique de la Capitanate, la nomenclature des arbres, arbustes et plantes de différentes espèces qui croissent dans les îles Trémiti ; on y compte :

Arbres et beaux arbustes :	32	
Plantes vivaces :	56	171 espèces.
id. annuelles et bisannuelles :	83	

Parmi ces plantes, on distingue un bel oignon, produisant une fleur jaune ; on s'en sert à Venise pour en faire de la thériaque, la saponaire que l'on emploie pour blanchir le linge, et beaucoup de plantes médicinales.

liance étroite et de famille qui existe entre les maisons de Bourbon et d'Autriche, donne encore plus de force à cette position. On pourrait donc, de concert avec cette dernière puissance, établir une croisière de bâtimens armés qui garderait facilement ce passage de l'Adriatique, surtout depuis que le cabinet de *Vienne* fait fortifier, suivant les règles de l'art, l'île de *Lissa*, qui n'est qu'à quatre-vingts milles de *Tremiti*. On trouve encore comme point intermédiaire, la petite île *Pelagossa*, qui appartient à Naples et dont ce gouvernement ne tire aucun parti. Ce système de défense maritime combiné, mettrait à l'abri de toutes insultes les côtes des *Abruzzes* pour les Deux-Siciles, le golfe de *Venise* pour l'Autriche, et préviendrait toutes les tentatives de quelques Turcs ou Dalmates qui viennent, rarement à la vérité, mais quelquefois, faire des descentes sur le continent, piller les habitans et en emmener quelques-uns en esclavage.

Il suffirait de faire quelques travaux pour agrandir et rendre plus sûr le port de Tremiti, qui sert de relâche aux navires du commerce qui remontent et descendent depuis les Abruzzes jusqu'à l'extrémité de l'Italie.

On devrait aussi faire exécuter d'autres travaux maritimes, soit à : *Aqua-Rota*, soit à *Fortore*, où se trouve déjà un petit port naturel, soit à *Milet*, afin de rendre toujours faciles les communications de Tremiti avec le continent. Ces trois points dépendent de l'intendance de la Capitanate ; une dépense urgente aussi est d'achever la route qui conduit de *S. Severo* à *Aqua-Rota*, ou celle de *Fortore*, ou celle de *Milet* à *S. Nicandre*. Si ce dernier lieu était choisi, il deviendrait indispensable de construire une jetée à *Milet*, afin qu'on puisse débarquer et embarquer sûrement.

Ces travaux sont de première nécessité, car Tremiti est exposée à être séquestré du continent pendant ong-temps. Ce pénible état s'est prolongé une fois pendant deux mois.

On a vu à la fois seize navires en relâche dans le port, où il n'existait en novembre 1843, qu'une seule autorité civile et militaire, le commandant de la place, ayant le grade de capitaine, brave et ancien soldat nommé Melchior Schmithdt.

Nous ferons remarquer que la carte de ces îles, publiée à Naples en 1839 par l'office royal topographique, est inexacte : elle est fautive quant à la grandeur respective de ces îles et aussi quant à leur forme, à leur position réciproque, et au gémissement de quelques cales. On pourrait croire qu'elle a été dressée de souvenir et non sur un relèvement local. Du reste, c'est aussi l'habitude de presque tous ceux qui sont chargés de missions dans ce royaume. Nous en donnerons une preuve en rendant compte de la colonisation commencée en octobre 1843 (1).

6.—Depuis le renvoi des moines de Tremiti, la décadence de ces îles a été croissante ; l'agriculture, la culture de la vigne et des oliviers ont été entièrement abandonnées, et après la chûte de Murat, les fortifications n'ont plus été réparées ; bâtimens, batteries, tout tombe en ruines. Pendant les guerres de l'empire français et l'occupation de Naples par un prince de la famille de Napoléon, on augmenta les fortifications de S. Nicola et l'on fit le camp retranché. Alors le com-

---

(1) Auteurs à consulter pour connaître la topographie et l'histoire des îles Tremiti.

Claverio.—L'Italie antique.—Strabon, liv. II.

Pline.—Histoire naturelle. livre III, chapitre 26.

Tacite.—Annales, livre XXVIII, chapitre 71.

Muratori, sur l'Italie, vol. I, page 18.

Ptolémée.—Livre III.

Iria.—Mémoires historiques, chapitre 5, paragraphe 3.

Colletta (le général). Histoire de Naples, volume I.

mandant de la place était officier supérieur et avait
sous ses ordres quatre cents canonniers ou soldats :
l'armement de l'île consistait en vingt canons ou mortiers, il existait un fourneau pour tirer à boulet rouge.

Les Anglais attaquèrent S. Nicola en établissant des
batteries sur le plateau de S. Domino. Forcés de se re-
tirer, ils coupèrent les plus grands arbres de cette île.
Les Français, après leur départ, détruisirent quelques
maisons qui avaient servi à masquer les travaux des as-
siégeans.

On a toujours réservé S. Nicola pour la nourriture
des bestiaux nécessaires à la subsistance de la garnison.

7.—Déjà, à différentes époques, le roi de Naples a
établi des colonies de cultivateurs et de repris de justice à Tremiti, mais sans succès.

En 1776, Ferdinand IV, roi des Deux-Siciles et
deuxième monarque de la branche des Bourbons d'Es-
pagne, fit déporter dans ces îles des voleurs et des vaga-
bonds du royaume, choisis avec trop de précipitation,
par les commissaires du gouvernement dans les prisons de Naples. Cet essai ne fut point heureux, les colons mouraient chaque jour ; on les remplaça par d'autres, mais ils étaient trop nombreux. L'accroissement de
la population de la colonie, bien loin d'être favorable
aux mœurs des habitans, en aggravait la corruption.

Naples était divisée en douze quartiers sous la di-
rection d'un magistrat chargé de la police et du bon
ordre ; il condamnait d'abord à la prison, et le plus
souvent à la déportation sur les îles pénitentiaires. Ces
décisions sans appel atteignaient des malheureux de la
dernière classe du peuple, la capitale se purgea ainsi
d'un grand nombre de mauvais sujets ; ensuite, on exila
dans ces îles pour des crimes prétendus de lèse-ma-
jesté ; la déportation assouvit la vengeance et servit les
craintes du pouvoir absolu et de ses agens ; d'honora-

bles citoyens qui n'avaient pas été jugés ni mis en pré-
vention, dont le crime était de déplaire au gouvernement furent confondus avec les plus infâmes malfai-
teurs.

En 1792, le ministère napolitain, effrayé de voir
douze mille prisonniers dans les maisons de détention
ou cachots de la capitale, et six mille condamnés ren-
fermés dans les bagnes de *Naples* et de *Castellamare*,
voulut les éloigner, et les envoya dans les îles pénitentiaires de *Lampédouse* et de *Tremiti*. La majeure partie de ces malheureux déportés dans cette dernière île,
amoncelés sur cette contrée ingrate, livrés à la misère,
y périrent.

Une conspiration fut découverte en 1793; un nommé
Pietro de Falco en était l'âme et le chef, mais pour sauver sa vie, il avait trahi ses complices et révélé tous
leurs desseins. Il fut jugé d'abord et déporté pour la
vie dans l'île de Tremiti, mais il ne fut pas fait mention
de lui dans le procès. Le tribunal condamna trois
des accusés à la peine de mort, trois aux galères, vingt
à la déportation et treize à des peines moins sévères;
parmi les déportés on comptait le duc d'*Accadia*.

Nous ne pensons pas que la population totale à placer d'abord à Tremiti, vu son exiguité et son peu de
produit, puisse dépasser six cents personnes; long-
temps il n'y a eu que cent habitans, et en septembre
1842 le nombre ne s'élevait qu'à cent cinquante.

Avant de parler de l'état actuel de ces îles, conti-
nuons le récit des révoltes qui se ont faites dans ce lieu
de désolation.

8.—Peu de temps avant 1799, le lieutenant-colonel
Gicca, Grec de nation, commandant à Tremiti, ne put
empêcher la garnison de se révolter. Les rebelles mirent leur chef en prison, violèrent sa femme, les volèrent tous deux et quittèrent l'île.

En 1802 ou 1803, le chef de bataillon *Brancati* avait

le commandement de ces îles : il avait sous ses ordres le lieutenant *don Vicenzo Pronio*, qui était chef d'un détachement du bataillon des chasseurs *Marzi*, et un autre officier qui commandait un corps détaché du régiment *Sanniti*. Le manque de vivres fit insurger les sous-officiers et soldats qui commirent les violences les plus condamnables et les plus infâmes. D'abord ils mirent en prison le commandant de la place et leurs officiers, puis ils pillèrent tous les habitans, ils violèrent et sodo.... la femme du sieur *Brancati* et toutes celles qui se trouvèrent dans l'île ; enfin, ils enlevèrent une barque et désertèrent ; une partie de ces misérables prit terre en Dalmatie, et l'autre, à Ancône. Il y avait alors à Tremiti un détachement d'invalides et de galériens qui ne prirent aucune part à ces désordres affreux.

Lorsque *Rossi* ou *Ross* commandait dans l'île après 1820, il y avait des relégués politiques, tous d'une classe inférieure ; on les occupait à couper du bois à *S. Domino* pour le vendre. Un jour le commandant se rendit dans cette île pour inspecter leurs travaux, ils s'emparèrent de lui, le lièrent à un arbre, s'évadèrent et se présentèrent à *Foggia*, à l'intendant de la Capitanate, se plaignant que le roi les ayant grâciés, le commandant Ross les retenait injustement, ce qui était faux ; au lieu de punir ces évadés, on leur pardonna, et ils furent libres !

9. — Après la perte de la bataille de *Tolentino*, dans le mois de mai 1815, l'armée napolitaine était dans la déroute la plus complète, les *Autrichiens* poursuivaient sans relâche ces malheureux débris et pénétrèrent à leur suite dans le royaume de Naples. *Joachim Murat* voulut sauver son trésor, le moyen le plus sûr qu'il crut trouver fut de le faire embarquer secrètement à *Pescara*, forteresse et petit port, situé sur l'Adriatique et frontière de ses états ; il s'y était rendu dans l'espoir

d'y rassembler les fuyards et de recomposer une armée. Le roi laisse croire que c'étaient des caisses d'armes qu'il faisait partir, le prince choisit pour remplir cette mission de confiance un ancien corsaire corse, nommé *Antonio Basciano*, alors à son service, qui lui était dévoué et qui commandait un brigantin à deux mâts, armé de deux pièces de canon. Cet officier fit voile aussitôt pour les îles Tremiti et mouilla dans le port. La retraite choisie par *Basciano* paraissait sûre, l'ennemi devait supposer que Murat avait emporté avec lui son trésor en fuyant sur Naples. Le corsaire intéressa le commandant du fort, nommé *Perseti*, il était Génois et avait le grade de capitaine. L'accord fait, on débarqua les caisses contenant les fonds du roi, ou plutôt renfermant les trésors de l'armée. Il y avait onze coffres, un renfermait de l'or en pièces de quarante francs, six de l'argent monnoyé, les autres des munitions de guerre; ces dernières furent laissées dans l'enceinte du magasin à poudre, au largo del campo (au camp retranché).

Basciano, après avoir fait ce dépòt, ne resta pas inactif, il reprit la mer avec son brigantin et arma des bateaux pour s'emparer des barques marchandes qui naviguaient sur l'Adriatique; il captura cinq bâtimens chargés de céréales, trois étaient de l'île de *Rhodes*, et deux *napolitaines*. Les prises allaient se mettre à couvert dans le port de Tremiti.

Dans une de ses courses sur les côtes de la *Dalmatie*, il enleva beaucoup de moutons et de chèvres, mais à son retour, il fut poursuivi par une frégate anglaise qui croisait dans le golfe de Venise.

C'était l'*Incorruptible*, commandée par le capitaine *Thomas Smyths*; cet officier anglais apprit alors que Basciano avait débarqué dans l'île Tremiti le trésor de Murat, et résolut de s'en emparer.

Une altercation très vive avait eu lieu entre les troupes du fort et l'équipage du corsaire au sujet de cet argent. Basciano se trouvait en dehors des fortifications près de la poudrière, dans le camp, avec quelques matelots, lorsque la garnison fit feu sur eux ; deux marins furent tués dans cette querelle ; le capitaine Smyths, instruit de cette circonstance, débarqua aussitôt dans la partie inférieure de San-Nicola, de l'autre côté du fort, à la tête de cent hommes, et somma la garnison de se rendre à son légitime souverain, Ferdinand 1er, roi des Deux-Siciles ; la capitulation se fit sans effusion de sang, et le drapeau de la restauration de la maison de Bourbon fut arboré sur le château.

C'est ainsi que les îles Tremiti rentrèrent au pouvoir de Ferdinand et par la coopération d'une frégate anglaise.

Le premier soin du capitaine Smyths fut de s'emparer du trésor de Murat, ensuite de tout ce qui existait dans les magasins de la forteresse, des vivres de la garnison, des munitions de guerre et des denrées que Basciano avait capturées dans ses courses. La frégate resta pendant quinze jours à l'ancre sous l'île San-Nicola. Le capitaine anglais réclama une huitième caisse contenant de l'or, qu'il accusait Basciano et le capitaine Perseti d'avoir dérobée ; mais on lui prouva qu'elle avait été laissée à *Pescara* pour solder la troupe, qui menaçait de s'insurger si on ne lui payait pas ce qui était dû, alors il envoya dans la Pouille ces deux officiers qu'il avait fait arrêter.

On évalua à plus de *quatre millions* la somme prise à Tremiti par le commandant Smyths. Cet officier agissait au nom du gouvernement anglais, allié du roi des Deux-Siciles. Il est certain que le roi Ferdinand n'est jamais entré en possession de tout ou partie de ce trésor. Appartenait-il à *Joachim Murat* qui avait perdu sa couronne, ou au roi légitime qui remontait sur son trône par la force des baïonnettes autrichiennes ? Ainsi

le capitaine Smyths a mis les parties d'accord en faisant, en 1815, sur la mer Adriatique, le rôle que le bo
La Fontaine fait jouer au juge dans sa fable : les *Plaideurs et l'Huitre* (1) !

10.—Comme place de guerre, Tremiti réclame de grands travaux, les bâtimens sont en ruines, les batteries dégradées : il serait peut-être plus coûteux de reparer les constructions existantes que de les reconstruire à neuf, en les rendant plus commodes et plus aptes à leur destination. Plusieurs sont à supprimer, on trouverait dans ces démolitions des matériaux suffisans et surtout des bois de charpente précieux et susceptibles d'être employés malgré leur vétusté.

Mais à cause de la population projetée, on doit aug-

(1) Nous publierons incessamment une brochure sur les recherches auxquelles on s'est livré à plusieurs époques pour découvrir le trésor particulier de *Joachim Murat*. Ce trésor n'a aucun rapport avec les sommes considérables et les objets précieux que ce prince malheureux avait avec lui lors de son départ de l'île *de Corse*, le 28 septembre 1815, et de son débarquement sur la plage de *Pizzo*, en Calabre, le 8 octobre suivant. Obligé de fuir pour la première fois de sa vie, ce roi détrôné arriva en courant sur le rivage dont il était repoussé, appelant à son secours le capitaine *Barbara* qui commandait le bâtiment sur lequel il avait fait la traversée. Mais le misérable fut sourd aux cris de détresse de son bienfaiteur et s'éloigna au plus vite pour s'approprier les dernières ressources de ce roi. C'était commettre à la fois un *vol* et une *ingratitude*. Joachim, en montant sur le trône de Naples, l'avait trouvé exerçant le métier de *corsaire* et, quoique *Maltais*, l'avait fait entrer dans sa marine, élevé rapidement au grade de capitaine de frégate, créé chevalier de son ordre et nommé baron ! L'adversité trouve rarement des cœurs reconnaissans et fidèles.

Le plan de Murat était de débarquer à *Salerne*, parce qu'il savait qu'il existait une réunion de troupes sur ce point et qu'il croyait pouvoir compter sur elles. S'il avait réussi, la guerre civile se rallumait et Naples aurait encore éprouvé des réactions sanglantes. Mais les vents renversèrent ce projet, alors *Joachim* prit la résolution désespérée de descendre sur la plage de *Pizzo* avec *trente hommes, officiers et soldats*.

Nous imprimerons des pièces inédites très curieuses et des actes émanant du ministère napolitain.

menter le nombre des citernes existantes, réparer les anciennes, principalement celle carrée qui est placée à l'extrémité de la langue de terre étroite qui joint l'île au fort ; elle a besoin d'être creusée, réparée et couverte. Il est aussi très urgent d'en faire de très grandes à San-Domino, tant pour les besoins des hommes, des bestiaux, que pour les prairies artificielles. On ne doit pas penser à creuser des puits artésiens, attendu qu'on ne trouverait que des eaux saumâtres.

Il n'existe dans ces îles aucune source, ni cours d'eau.

La sûreté de Tremiti exige qu'on rende impraticables les différens sentiers qui partent de la mer et aboutissent sur le sommet de l'île. C'est par là que les Anglais débarquèrent à San-Nicola en 1815. Son extrémité a besoin d'être rendue inaccessible au-dessous du *Campo Santo* (le cimetière). Ces travaux ne peuvent être dispendieux.

Il y a deux citernes à peu de distance de la première porte du port, il semble utile d'établir un bassin auprès ayant un tuyau pour porter l'eau sur la jetée, afin que les navires en relâche puissent s'alimenter facilement de ce liquide de première nécessité, sans entrer même dans la première enceinte fortifiée.

On pourrait aussi construire deux grands magasins sur la plage, le long de la première enceinte, l'un à droite, sur les ruines qui s'y trouvent, l'autre à gauche, jusqu'au logement des douaniers. On voit donc, que sans entrer dans la place, les colons auraient à leur portée et les subsistances et les objets nécessaires aux travaux, que les navires en relâche trouveraient des vivres et des agrès ; ainsi, on éviterait une montée rapide de plus de six cents pas, incommode, et une course pénible pendant les grandes chaleurs. Les escaliers et les rampes ont besoin d'une grande amélioration, et ils sont à faire en entier à San-Domino et à Caprara, ainsi que les chemins.

11.—Le ministère napolitain, voulant éloigner de la capitale plusieurs milliers de mauvais sujets qui encombrent les prisons, a résolu de faire à Tremiti une colonie pénitentiaire. En juin 1842, le ministre de la police a envoyé sur les lieux une commission composée d'un capitaine de gendarmerie, d'un ingénieur civil et d'un employé supérieur de la police chargé de la comptabilité, nommé *don Christophe*, qui avait avec lui son chancelier. Arrivés à *San-Nicola*, ils visitèrent les localités, se rendirent ensuite à San-Domino et repartirent le même jour pour *Aqua-Rota*. C'est après une inspection aussi rapide, sans avoir consulté les autorités de la Capitanate, les officiers du génie, de l'artillerie, et les hommes compétens, principalement l'intendant de cette province, S. E. M. le chevalier commandeur don Dominic Antonio *Patroni*, qui se fait distinguer par son instruction, ses talens, sa bonne administration et les plus estimables qualités, qu'on n'a pas hésité à présenter le projet de la colonisation qui s'exécute depuis le mois d'octobre 1843. Nous en signalerons toute la défectuosité et le danger.

Cette commission aurait dû lire et étudier le *Journal des Actes de la Société royale économique de la Capitanate*, année 1838 ; elle aurait puisé là des documens précieux dans la description des îles Tremiti et leur mode de culture, par *Guglielmo Gasparini*. Mais sans doute ces messieurs se sont reconnu assez de capacité, d'expérience et d'instruction pour se passer des conseils des gens de l'art !

On veut cultiver l'île San-Domino avec des hommes pris dans la classe des mauvais sujets et des repris de justice détenus à Naples. Pour l'exécution de ce projet, on a mis cette île à la disposition de S. E. le ministre de la police générale. On a besoin de loger ces colons dangereux dans le camp retranché de San-Nicola ;

on veut établir un pont qui joindra cette île à celle de *Cretaccio*, le point de jonction choisi est près de l'entrée de la forteresse ; on veut enfin organiser une communication, soit par bateaux, soit au moyen d'un traille ou pont volant, de *Cretaccio* à *San—Domino*.

Ce plan nous semble présenter de graves inconvéniens et nécessiter de très fortes dépenses ; on aurait pu atteindre ce but avec beaucoup moins de frais et surtout sans compromettre la sûreté de la place.

Une forteresse doit être d'abord préservée d'un coup de main hardi qui peut, d'une manière ou d'une autre, la faire tomber au pouvoir d'un ennemi ou des malveillans. Il faut donc éviter cette chance et la prévenir toutes les fois que la chose est possible ; dès-lors, ne pas ouvrir une porte aux ennemis et surtout ne pas introduire dans la première enceinte une classe d'hommes suspects, malintentionnés, et capables de tenter un mauvais coup. Il est aussi dans les principes de l'art militaire de fermer les issues au lieu d'en ouvrir de nouvelles. Cinq choses principales sont à exécuter dans le projet, qu'on paraît avoir adopté, pour la sûreté du port et contre les tentatives de la malveillance.

1° Une batterie à établir ou à compléter dans le fort et gardée jour et nuit pour contenir les nouveaux habitans du camp retranché.

2° Un système de défense à l'entrée du chemin couvert, pour le mettre à l'abri des coupables combinaisons de ceux qui seront établis sur ce même terrain.

3° Avoir une communication assurée de la forteresse avec le port d'où arrivent les munitions, les vivres, les secours de toute espèce, les dépêches, etc.

4° Il faut défendre l'issue, ouverte au pied du fort, du camp retranché à *Cretaccio* et toutes les batteries du camp.

5° Construire un moulin à poudre dans l'autre partie de l'île, supprimer celui qui existe dans le camp, et établir un moulin à moudre le grain pour les besoins des colons.

Ces cinq choses indispensables, ainsi que le pont à construire, entraîneront immanquablement au-delà des dépenses prévues, en compromettant, nous le répétons, la sûreté de la place.

12.—A l'inspection des localités et avec les plus simples notions de construction militaire et maritime, on devait trouver le moyen d'éviter cette dépense ; on pouvait aussi loger les colons sans compromettre la sûreté de la forteresse. Nous allons indiquer un de ces systèmes.

Il faut placer le logement des colons suspects dans le port même et sur un bâtiment flottant. Il existe, sans doute, à Naples, une vieille frégate ou vaisseau hors de service pour tenir la mer, mais encore susceptible d'être utilisé pour cet usage. En France, en Angleterre, etc., on destine les vieux navires de guerre au service de pontons, ils deviennent alors des magasins, des hôpitaux, des bagnes pour les forçats, des prisons pour les prisonniers de guerre. Dans l'application dont il s'agit, le navire conserve seulement ses bas-mâts, les entreponts sont disposés pour faire les dortoirs, les sabords sont garnis de barreaux de fer. On place sur le premier pont un retranchement ayant des canons et des pompes qui plongent dans les entreponts pour comprimer une révolte au besoin. Le bâtiment ponton est amarré sur des corps morts. Sa garnison est logée sur les gaillards d'avant et d'arrière.

Cette habitation sûre étant admise et préférée *pour ne pas jeter un pont à San-Nicola*, la construction de maisons est inutile, on établirait alors du ponton à San-Domino, soit un traille, soit un pont volant qu'on déferait chaque soir.

Ainsi la construction d'un pont est supprimée, et l'on ne fait plus d'ouverture à la place. On n'a pas de nouveaux moyens de défense ni de répression à établir à San-Nicola ; enfin , on évite un voisinage toujours dangereux avec les colons suspects, le fort et le port ; il nous semble que ce plan réunit l'économie à la sûreté et à la facilité des communications.

13. — Mais il ne suffit pas de fortifier San-Nicola ; il faut encore empêcher que de San-Domino on ne puisse canonner et bombarder cette forteresse, ainsi que les Anglais l'ont fait pendant que les Français occupaient cette île. Il est donc urgent, en cas de guerre, d'empêcher l'ennemi de débarquer à San-Domino, de ravager les plantations projetées et de s'y établir. On y parviendra en rendant inaccessibles tous les sentiers qui conduisent sur l'île, en établissant des batteries sur les côtes, et sur les points où on peut aborder. Ensuite on pourra construire dans la plaine de San-Domino un camp retranché (espèce de citadelle), afin que les bestiaux, les denrées recueillies et les cultivateurs qui y résideront soient à l'abri d'un coup de main ; nous avons dit que c'était de cette position que les Anglais avaient bombardé le fort de Tremiti. Nous donnons ici une vue de cette citadelle, prise de ce point. (Voir le dessin, n° III.)

Des *block-haus*, ou tours de défense, disséminés sur l'île, compléteront ce système de fortification. (Voir les notes placées à la fin de la notice.)

L'entrée du port de Tremiti peut être parfaitement défendue par deux batteries flottantes, dont les feux se croiseraient, et l'intervalle serait fermé par une chaîne.

14. — San-Nicola doit être réservé pour la nourriture des bestiaux nécessaires à la colonie, et pour quelques jardins.

San-Domino peut avoir quelques espaces cultivés en céréales, mais il y faut des prairies artificielles; enfin le reste des terres végétales serait planté en vignes,

en oliviers, en chênes, en pins ; pourquoi ne pas y cultiver le mûrier qui y réussissait du temps des moines ? Mais nous pensons qu'on ne saurait trop éviter des essais douteux, qu'il faut s'en rapporter à l'expérience, et consulter la société royale économique de la Capitanate.

Caprara produit de bons oliviers dont on peut, par la culture, améliorer l'espèce. On doit y conserver des câpriers et y planter des vignes.

Les îles Tremiti seront toujours une charge pour l'état, vu leur peu d'étendue et leur destination ; mais au moins on profitera des portions de terres qui sont cultivables pour couvrir de quelques dépenses et pourvoir en partie à la subsistance de leurs habitans. Cette terre, sans produit jusqu'alors, étant destinée à devenir en petit le *Botany-Bay* napolitain dans l'*Adriatique*, puisqu'on paraît renoncer à en faire l'*Ile de Malte* de cette mer, ou un *petit Gibraltar*, résolution qui paraît incompatible avec l'état militaire de ce royaume qui entretient à si grands frais une armée permanente, inutile et hors de proportion avec son revenu et ses autres dépenses, le roi trouverait, par la réduction de son armée, une économie suffisante pour faire construire un chemin de fer, qui, partant de Naples, arriverait sur l'Adriatique. Ce grand et utile travail ouvrirait une source de prospérité pour l'état, augmenterait son revenu et rendrait ce royaume maître du commerce en transit, d'une mer à l'autre ; que de temps gagné, que de naufrages évités, que d'argent rentrerait au trésor par la réalisation de cette entreprise (1) !

(1) Pendant la durée du royaume d'Italie, on conçut le projet d'un canal qui aurait joint les deux mers par le *Pô*, le *Tanaro*, la *Bormida*, et un système *d'écluses* depuis cette rivière jusqu'à *Savone*. Napoléon en ajourna la réalisation après la funeste campagne de Russie. L'*Autriche* a dû trouver les plans de ce canal dans les archives à *Milan*. A cette époque le célèbre *Fulton* n'avait pas encore appliqué la *vapeur* à la *marine* et on ne pensait pas *aux chemins de fer*.

15.—La nécessité commande d'établir de promptes et faciles communications avec le continent pour parvenir à assurer la prospérité de ces îles. Il faudrait donc attacher au service de Tremiti, deux bateaux à vapeur de la force chacun de vingt-cinq chevaux; ils porteraient une caronade et dans presque tous les temps ils pourraient tenir la mer. Ce serait une dépense de cent mille francs environ d'abord, et ensuite celle de leur entretien annuel.

Mais pour procéder avec économie, on peut suppléer à ce moyen, en employant, à bord de grands bateaux ordinaires de 35 à 40 *tonneaux*, un mécanisme faisant tourner des roues à *aubes* et mues par la force humaine. A chaque voyage, qui sera court à cause de la proximité du continent, on prendrait sur l'île un supplément d'équipage parmi les relégués. Ces hommes mettraient en mouvement ce mécanisme, lorqu'il y aurait des calmes, des vents contraires, ou qu'on ne pourrait faire usage des voiles.

Puisqu'on veut porter le nombre des colons à plusieurs mille, afin de purger Naples et la Sicile d'une troupe de mauvais sujets, de voleurs et d'assassins, il deviendra nécessaire de bâtir une grande maison pénitentiaire à San-Domino et de la placer dans le camp fortifié.

Il nous semble nécessaire de former des catégories de ces colons, afin de loger séparément les hommes libres, les voleurs et les assassins. Le préjugé est si enraciné en Italie que le meurtre s'excuse et que le vol ne se pardonne pas. Un assassin rougirait d'être un voleur, il ne perd jamais l'occasion de le faire remarquer.

Nous avons déjà parlé des citernes, mais il est nécessaire de les remplir, ce qui ne peut se faire qu'avec l'eau provenant de la pluie, puisqu'il n'y a pas de sources dans ces îles. Si ce liquide venait à manquer, on pourrait remédier provisoirement à ce mal, en dessalant l'eau de la mer au moyen de filtres, par un procédé connu en France et qui est peu coûteux.

On trouve sur les lieux les pierres et les moyens de fabriquer d'excellente chaux : les matières premières existent.

16.—Il faut parler de la dépense. Nous ferons remarquer que l'augmentation de la garnison portée à cent hommes, ne peut rien changer au budget des dépenses du royaume, puisque, par le fait, ce ne sera qu'un déplacement à faire d'officiers et de soldats.

Quant aux colons à prendre parmi les détenus dans les prisons de Naples, etc., et qu'on transportera à Tremiti, la dépense qu'entraînera leur entretien dans cette île, se compensera par celle qui cessera pour le même objet, dans la capitale et par le produit de leurs travaux.

Tableau de la dépense présumée, établi sur la plus stricte économie et d'après les travaux indispensables à effectuer quant à présent.

Réparations ou constructions urgentes à faire dans la citadelle de Tremiti. . . . . 400,000 fr.

Pour travaux dans le port. 160,000

Si l'on remplace les deux bateaux à vapeur par des bateaux ordinaires à mécanisme mû par la force humaine. . 12,000

Entretien de ces deux bateaux servant pour la correspondance et personnel. . . 23,000

Pontons à installer dans le port. . . . 40.000

Pour outils, bestiaux et défrichemens. . 60,000

On ne porte que pour mémoire et pour les causes déduites ci-dessus, la dépense de la garnison de cent hommes au lieu

A reporter. 695,000

<pre>
                       Report. . . . 695,000
de vingt-trois, et celle des colons dé-
portés. . . . .   »   »
Fortifications à San-Domino. . . . 120,000
Police. 2.000
Dépenses imprévues.   23,000
                                 ─────────
                       Total. . . . . 840,000 fr.
</pre>

Cette dépense peut s'effectuer en quatre années, en sorte qu'il suffira par an de 210,000 francs, et qu'au 1er janvier 1849, l'exécution totale de ce projet peut être réalisée.

Il est bien évident que la construction du pont projeté, des maisons et des constructions nécessitées par le projet du ministère, et qui n'a pas été assez étudié, entraînera une dépense plus considérable, et compromettra la sûreté de la forteresse, pendant que par le moyen indiqué, on conservera une place de guerre qu'on regrettera un jour d'avoir supprimée ; on cultivera les îles et l'on aura en outre un lieu sûr de rélégation pour les condamnés ou repris de justice.

17.—Trois ministres concoururent à l'exécution de ce plan : les ministres de la justice, de la guerre, de la marine et de la police ; cependant on garda le secret, les autorités de la province de la Capitanate ne furent point consultées, aucun avis ne fut donné, on se borna à annoncer que l'île San-Domino était mise, *par décision du roi*, à la disposition du ministre de la police générale. Tout demeura concentré dans les bureaux, et le chef de la colonisation fut choisi parmi les employés supérieurs de ce dernier ministère. L'état-major de cette expédition coloniale se compose : de *don Christophe*, porteur des pleins pouvoirs de Sa Majesté, c'était un autre *alter Ego*, de trois **R. P. Jésuites**, d'un *chancelier*, d'un *ingénieur civil*, gendre de l'agent en chef, commissaire royal, d'un *leutenant de gendarmerie*, de deux *inspecteurs de police*, de trois *agens* de cette administration et d'un *médecin*.

Nous devons dire que le choix de ce représentant du monarque ne fut pas heureux, et qu'il ne réunissait pas les qualités voulues pour cette mission délicate et de confiance. *Don Christophe* est un *bon comptable*, assure-t-on, mais il nous a paru manquer des talens convenables à sa place ; *c'est un lazarone un peu civilisé.* On fit de cette opération une affaire de famille de police, et l'on pourrait répéter comme *Beaumarchais*, au sujet d'un emploi qu'on venait de donner : *il fallait un calculateur, ce fut un danseur qui l'obtint.*

Aucune mesure préparatoire ne fut prise ; on savait cependant que les bâtimens de Tremiti tombaient en ruines, qu'il n'y avait aucun logement habitable pour la nouvelle colonie, composée d'une garnison plus nombreuse, d'ouvriers libres et de relégués.

La moindre prévoyance aurait dû donner le conseil de faire construire un moulin pour moudre le grain des nouveaux habitans, de prendre des mesures pour que l'introduction d'un si grand nombre de mauvais garnemens dans une place de guerre ne pût compromettre sa sûreté. En suivant cette marche prudente, les colons auraient trouvé des abris, des lits pour les femmes et les enfans ; la misère ne serait pas entrée dans l'île avec ses nouveaux habitans, et l'avenir de la colonie n'aurait pas été menacé dès son début. Mais on s'en est rapporté *à la grâce de Dieu.* Ceux qui ont agi aussi légèrement n'ont pas apprécié les difficultés de l'entreprise, et ont assumé sur leur tête une très grande responsabilité.

Il fallait à l'avance préparer une organisation coloniale, rédiger des règlemens sévères mais justes, surtout tracer les devoirs de chacun, bien assurer les subsistances de cette peuplade et éviter avec soin tout ce qui pouvait porter le découragement dans le cœur des ouvriers libres et honnêtes enrôlés pour former cet établissement aussi difficile.

Le roi Ferdinand II est actif, habile, veut opérer le bien, fait tout par lui-même, et malheureusement n'est pas secondé par ses ministres, qui ne sont réellement que des secrétaires renforcés. Deux ou trois hommes exceptés, on ne trouverait pas des chefs capables de diriger de grandes administrations.

L'armée occupe beaucoup le roi, la marine n'est pas assez nombreuse ; les soldats sont bien habillés, bien armés, d'une tenue parfaite, manœuvrent dans la perfection, mais sont-ils bons, aptes à la fatigue et en état de faire la guerre ? le matériel de l'artillerie est excellent, le cadre des officiers-généraux n'offre pas assez d'hommes en état de commander. Cependant on a l'exemple de l'armée napolitaine sous Murat, a-t-elle rempli sa destination ? n'a-t-elle pas abandonné la partie au premier choc ?

On compte beaucoup trop, dans le royaume des Deux-Siciles, sur l'armée actuelle ! Lorsqu'on la voit manœuvrer au *Champ-de-Mars* ou dans les camps de plaisance, les hommes d'état du *Vésuve*, trompés par les apparences, croient voir les légions françaises à l'époque de l'empire, ils rêvent des conquêtes ! Ne se contentant plus du royaume des Deux-Siciles, ils convoitent des agrandissemens aux dépens des états du chef de l'Eglise ; mais que le réveil serait terrible si le roi entrait en campagne sans l'appui de l'Autriche !

Un jour on faisait la petite guerre dans les environs de Naples, une portion de l'armée napolitaine manœuvrait habilement depuis le matin, et malgré une chaleur insupportable ; pendant un moment de repos, un des plus grands personnages de l'état, entraîné par son enthousiasme, s'adressa à un prince du sang déjà assez âgé pour avoir vu les désastres des deux derniers règnes, et lui dit : « Ne pensez-vous pas qu'avec une

» semblable armée il serait facile d'aller en France ?—
» Certainement, répondit-il, avec de pareils soldats on
» peut beaucoup entreprendre, mais une chose m'in-
» quiète, c'est la ligne des douanes à passer ! » On n'a
pas rapporté le reste de l'entretien.

Les autres branches de l'administration sont négli-
gées, les millions s'entassent dans les coffres du prince
qui s'endort sur un volcan, autrement dangereux que
le Vésuve et l'Etna.

Parlons de la colonisation et décrivons rapidement
son commencement.

Le commandant des îles Tremiti n'avait reçu aucune
instruction de ses supérieurs, une dépêche venue de
Foggia lui avait annoncé seulement que le roi avait ordonné que l'île de San-Domino serait mise à la disposition du ministre de la police générale.

Un navire de commerce parti de Naples, arrive dans
le port au milieu du mois d'octobre 1843, il est chargé
de bois, d'ustensiles, de divers objets utiles à la colonie,
il avait à bord quelques ouvriers ; le capitaine annonce
au commandant qu'il précède un bateau à vapeur de
la marine royale portant des vivres et un grand nombre de relégués et d'ouvriers libres. Une dépêche télé-
graphique ordonna le débarquement de la cargaison du
navire, une autre le défendit. Le capitaine Smithdt écri-
vit pour demander des instructions d'après les avis qu'il
avait obtenus officieusement, il ne reçut pas de ré-
ponse, parce que ses chefs n'en savaient alors pas plus
et peut-être moins que lui.

18. — Le 23 octobre 1843, le bateau à vapeur annoncé est en vue de l'île ; c'est le premier bâtiment de
guerre napolitain qui vient dans ces parages, il arrive
lentement, parce que c'est la première fois qu'il navi-
gue dans cette mer ; il n'a point de pilote pratique, la
chaloupe du navire qui l'a devancé va à sa rencontre et

lui indique la passe. Il entre dans le port, il est six heures du soir.

Don Christophe descend aussitôt avec sa suite, montre sa commission au commandant et fait débarquer à l'instant les ouvriers qui sont à bord, et les deux cents mauvais sujets, tirés des prisons de Naples. La citadelle est envahie, chacun bivouaque comme il peut dans les corridors du cloître de l'ancien couvent et se couche sur la dalle. Le bateau à vapeur repart le lendemain matin pour Naples en emmenant les douze gendarmes qu'il avait à bord pour la garde des nouveaux colons, et va en chercher d'autres dans la capitale.

On commence les travaux, on abat les cloisons, des murailles, on trace un village et une église dans le camp retranché, on coupe des bois dans l'île, on va en faire autant à San-Domino, où l'on installe quarante ouvriers. On fabrique de la chaux et tout est en mouvement. Pas un officier du génie militaire n'assiste à ces travaux, c'est le seul ingénieur civil qui trace, dirige et commande ! Les relégués ne reçoivent pas de vivres, ils sont nus, mais ils touchent une faible paie par jour ; au lieu d'acheter du pain, ils se procurent du vin de *Barlette* qui est bon, ne pensant pas à l'avenir et à la misère complète qui va les dévorer.

Le munitionnaire est obligé de céder son moulin pour sortir de prison ; on prépare un cachot, la moindre faute est punie sévèrement, les coups sont ajoutés à la peine de la prison.

Des ouvriers libres, des femmes, se plaignent justement ; on les renvoie sur le continent avec ordre aux autorités de ne pas les laisser se rendre à Naples, où l'on craint sans doute que la vérité ne se fasse entendre.

Les jésuites font chaque jour plusieurs instructions, on force les relégués à y assister ; ce surcroît de prêtres est inutile, il existe déjà dans l'île un curé et un aumônier militaire.

Six gendarmes arrivent enfin d'*Aqua-Rota*, en sorte que pour contenir un surcroît de population de trois cents personnes environ, le commandant de la place dispose de *dix-sept soldats*, dont seize sont presque *hors de service*, et de *six gendarmes*, en tout *vingt-trois hommes* !

Et cependant le gouvernement a pour lui l'expérience, il n'a pas dû oublier les révoltes qui ont déjà eu lieu dans l'île San-Nicola depuis 1755 jusqu'en 1820 ! Il agglomère sur ce point, sans prendre les mesures indiquées par la prudence, un grand nombre de condamnés qui pourront un jour s'en emparer et se réunir aux insurgés du royaume de Naples ou des états de l'Eglise ! La cour de Naples ne manque pas de terres incultes pour occuper plus utilement ce nombre de bras si dangereux.

On ne connaît pas quel est l'accroissement que la colonie a reçu depuis cette époque ; on ignore ce qui a été fait pour cette contrée ; à Naples, le public n'est informé de rien, les journaux ne rendent compte que de choses insignifiantes, tout le reste est interdit ; c'est la législation sur la presse, dont parle *Figaro*, qui est en vigueur.

L'administration ne joue jamais cartes sur table dans ce pays ; la ruse, les petits moyens, le silence sont les ressorts qu'on fait mouvoir. Chacun se tient en défiance, et c'est à qui tendra des piéges pour n'être pas trompé et tirer partie de son industrie : souvent il y a compensation.

Les affaires de la Pouille (la Tavollière), (1) celles de

***

(1) C'était une compagnie formée par actions, dont les principaux capitalistes étaient Hollandais et Belges. On faisait des avances sur les bestiaux, les terres de la Pouille ; le gouvernement s'était

l'octroi (1), les fournitures *Dupont* sont des exemples frappans des dangers de traiter avec l'administration.

Un mémoire sur Tremiti a été envoyé au roi le 26 novembre 1843, et remis à cet effet à l'ambassadeur de Naples, à *Rome*.

La misère est grande dans ce royaume ; le peuple y est mécontent ; quelques hommes, éclairés par l'expérience, y exercent de l'influence sur les masses, ils avouent hautement les bienfaits, les réformes utiles et la gloire dont *Joachim Murat* les a dotés. Malgré la superstition et l'apathie qui rongent cette population malheureuse, une révolution éclatera tôt ou tard. Les troubles actuels qui surgissent en *Sicile* et dans les *Calabres*, sont les avant-coureurs d'une grande réformation que l'intervention armée de l'*Autriche* n'empêchera pas, à moins qu'un salutaire conseil ne fasse *octroyer* une *charte* qui pondérera tous les pouvoirs sans

immiscé dans cette affaire, et n'avait pas tenu la main au versement des cautionnemens que devaient faire les comptables. Le capital a été perdu par suite de gaspillages, de malversations, de mauvaise gestion. Les actionnaires ont voulu rendre responsable le gouvernement de Naples, mais ce procès est tombé dans le domaine de la diplomatie et n'en finit pas : il s'agit de plus de huit millions de francs cependant ! Si la Hollande et la Belgique avaient pu agir aussi vigoureusement que l'Angleterre pour les *soufres de Sicile*, cette affaire serait terminée.

(1) Le sieur Dupont a monté à Naples le système des octrois, il en était le fermier intéressé, ou plutôt l'administrateur faisant toutes les avances, ayant droit à tant pour cent sur les recettes. Retardé dans des paiemens, un ministre lui conseilla de donner sa démission en lui persuadant que c'était le seul moyen pour être payé, dans la crainte où serait le roi de le perdre, attendu que personne ne pourrait le remplacer. Dupont suivit ce perfide conseil et perdit son entreprise sans toucher ce qui lui était dû. Il a obtenu depuis de grandes fournitures, et comme il n'avait pas d'argent, on lui a fait des avances de fonds considérables. Ayant prouvé qu'il perdait sur les fournitures de l'armée, il n'a pas été question de le faire rembourser, et ce mode d'opérer a établi une compensation. *Ab uno disce omnes.*

dépouiller l'autorité roya.. de ses prérogatives pater-
nelles (1).

Le 12 mars dernier, le monarque ayant fait enlever
de l'hospice de *l'Annonciade*, vingt-cinq jeunes filles
pour les envoyer à *Tremiti* et les marier avec des condamnés, le peuple, instruit de cette mesure, s'est ému
et on a craint un mouvement. Ferdinand, cédant aux
conseils de son confesseur, a ordonné le débarquement
de ces jeunes filles à *Messine* et de les renvoyer à *Naples*.

Que conclure de tout ce qui précède? Que dire de
cette agglomération de fautes continuelles? Où en
trouver la cause? Dans le gouvernement sans doute.

Mais il existe une explication plus simple, elle a été
donnée par un des anciens ministres français depuis
1830, homme du progrès, historien et grand connais-
seur en révolution, dont il a su tirer un bon parti pour
lui. Interrogé à son retour d'un voyage en Italie sur ce
qui l'avait le plus frappé dans le royaume de Naples, il
répondit : *c'est de voir un pays exister sans gouvernement !!!*

(1) La fuite des deux fils de l'amiral autrichien *Bandiera*, qui ont
déserté de la station de *Smyrne*, est significative ; elle prouve que
des familles considérables d'*Italie* n'attendent que l'occasion de se
lancer dans un mouvement *révolutionnaire*.

NOTES.

Moyens de défense qu'on peut employer pour les batteries de côtes et dans l'intérieur des îles. Il y en a de 3 classes.

On construit à la gorge de la batterie de 1re *classe* : une tour armée de 4 caronades de 24 ou de 4 pièces de 12 sur la plate-forme.
Cette tour contient un logement pour 60 hommes, un magasin de
vivres fourni de biscuit, farine, légumes, vin, viande salée, huile,
tabac ; un magasin à poudre ayant les poudres et gargousses pour un
nombre de coups de canon déterminé ; un petit atelier avec une forge,
le charbon, les outils, les fers, les pièces de rechange pour réparer

les affûts. La tour placée au moins à 60 *toises* de la plate-forme.

Cette tour aura deux étages, au moins de 24 pieds de haut (huit mètres environ), un fossé, une contrescarpe, un chemin couvert avec places d'armes, dans l'une desquelles une citerne.

Pour la 2ᵉ *classe*, la tour aura deux caronades de 18 sur la plate-forme, ou deux pièces de 6. Elle contiendra un logement pour 24 hommes; un magasin de vivres; un magasin à poudre; un petit atelier sans forge; on le pourvoira de pièces de rechange en fer et en bois, pour réparer les affûts; un fossé sans contrescarpe avec chemin couvert, une citerne. Sa distance doit être à 40 *toises*.

Pour la 3ᵉ *classe*, une tour à un étage, ayant sur sa plate-forme un obusier ou une petite pièce, et contenant un logement pour 10 hommes, un magasin de vivres, un magasin à poudre. Cette tour n'aura ni fossé, ni chemin couvert, ni la batterie de gril à boulets rouges. Sa distance à 20 *toises*.

Les pièces fort éloignées l'une de l'autre de 4 à 6 toises, à moins qu'il y ait impossibilité. Les parapets sont en terre, au-dessus des genouillières; la maçonnerie ne doit pas être plus élevée.

On sépare la plate-forme des mortiers, par une traverse, des pièces de canon.

La batterie à boulets rouges est séparée également.

Le gril ou four à boulets rouges est placé à 4 pieds au plus, du revêtement intérieur, vis-à-vis un merlon au lieu d'une pièce, ce qui le met à l'abri des boulets et des accidens du feu.

On place plusieurs tonneaux ou gabions remplis de terre, on construit des traverses rondes en gazon de 2 pieds de diamètre, pour servir d'abri aux canonniers contre les éclats des bombes et d'obus.

Le tir à boulets rouges a lieu avec des pièces en bronze du calibre de 12, au plus de 18; le boulet doit être de couleur rouge cerise.

Les gargousses sont de 3 à 4 livres de poudre (1 1/2 ou 2 kil.), au plus, pour tirer à boulets rouges; pour une pièce de 18, on met 2 gargousses l'une sur l'autre, chacune de 3 livres (1 1/2 kil.); pour le 24, de 4 (2 kil.); pour le 36, quatre gargousses de 4 (2 kil); on a soin de la faire entrer dans l'âme de la pièce sans frottement; si la poudre touche les parois de l'âme il y *a accident*.

Il faut installer les affûts des côtes de manière que les pièces puissent tirer sous l'angle de 43°, et lancent les obus ou les boulets à 2 mille et 2 mille 300 toises, et avoir des mortiers à plaque, qui jettent la bombe à 2,500 et 3,000 *toises*.

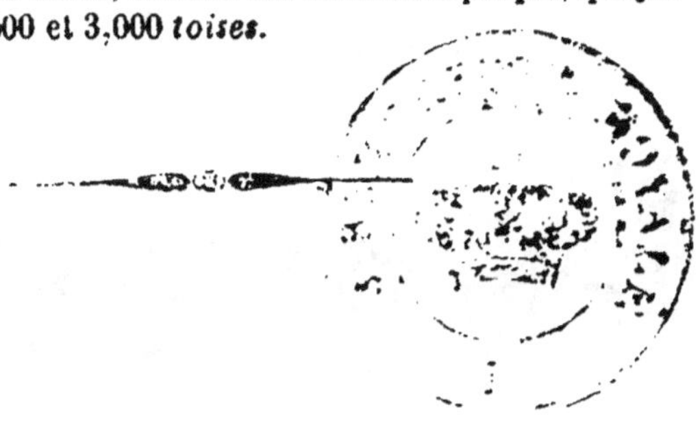

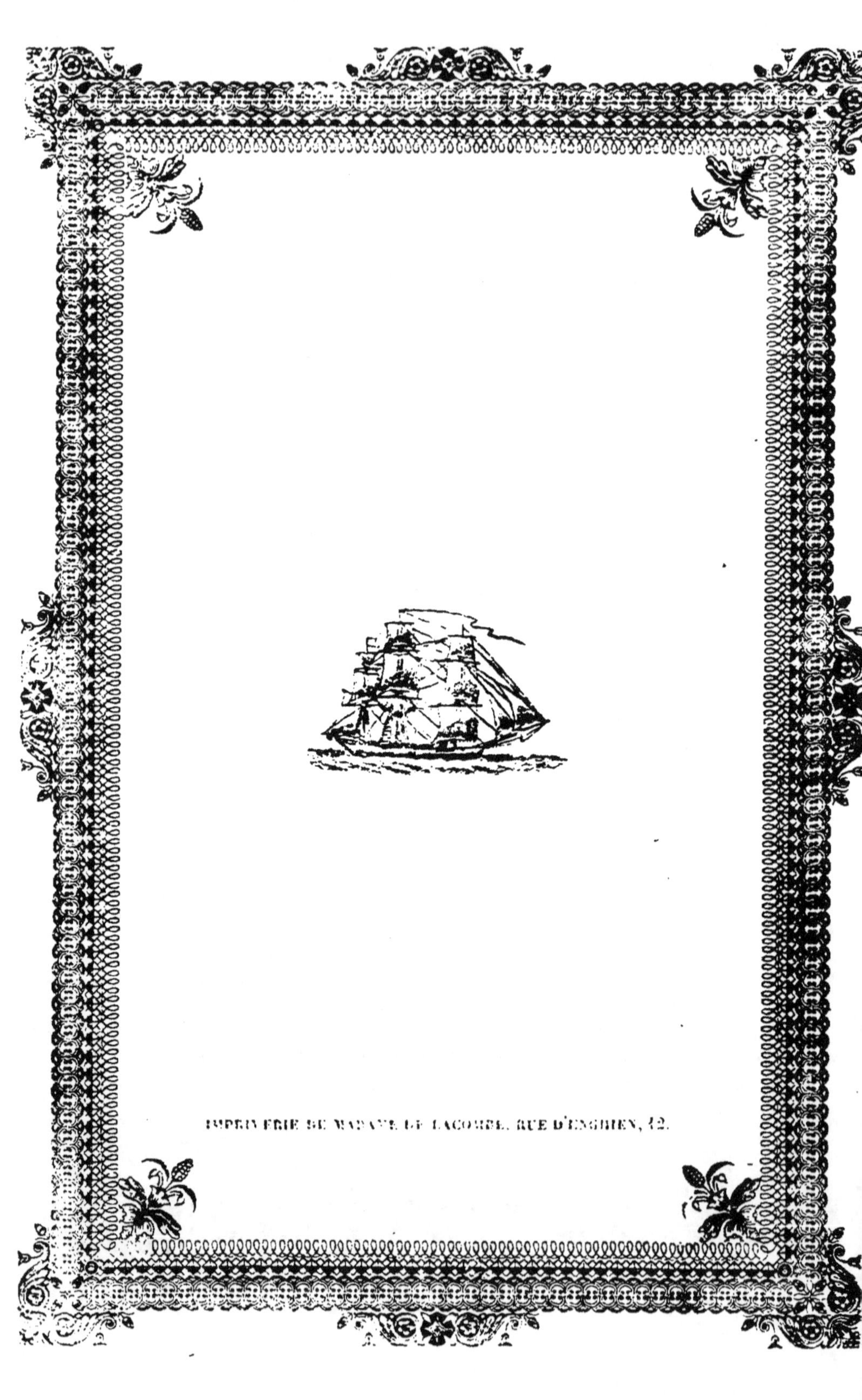

IMPRIMERIE DE MADAME VE LACOUR, RUE D'ENGHIEN, 12.

www.ingramcontent.com/pod-product-compliance
Lightning Source LLC
LaVergne TN
LVHW010333030726
842520LV00004B/1443